# LIVRETS

## ET

# PRUD'HOMMES

PAR

## G. DUCHÊNE

Typographe.

AU BUREAU

DE LA SOCIÉTÉ DE L'INDUSTRIE FRATERNELLE,

Rue de la Sorbonne, 1.

JUILLET 1847.

TYPOGRAPHIE DE H. V. DE SURCY ET Cⁱᵉ,
RUE DE SÈVRES, 57.

La fin de l'année 1845 a été marquée par un fait important. Le gouvernement, devant appeler l'attention des Chambres sur l'organisation du corps médical, jugea utile de s'éclairer des lumières et de l'expérience des hommes qui devaient être soumis à la nouvelle législation. Les salles de l'Hôtel-de-Ville furent mises à la disposition des médecins, et le congrès, avec la protection de l'autorité, et même sous la présidence du ministre, put formuler son programme, exposer ses motifs et arrêter les bases d'une organisation neuve. Nous applaudissons de grand cœur à ce précédent qui est tout un progrès. Les hommes de pratique connaissent mieux que personne les réformes à introduire dans les lois qui les régissent, et c'est à eux qu'il appartient de faire, dans un travail préparatoire, l'ébauche de la législation qu'ils réclament.

Déjà les chambres des notaires avaient été appelées à émettre leurs vœux au sujet de la loi sur le notariat, et l'on n'a jamais oublié de consulter les chambres de commerce, les conseils généraux d'arrondissement ou de département sur les questions industrielles, telles que les patentes, le travail des enfants, les marques de fabrique, etc.

Certes, il est d'un gouvernement sage d'appeler à son aide l'expérience des praticiens et de provoquer leurs observations sur les matières spéciales; mais lorsque deux classes de citoyens sont intéressées dans un projet de règlement, si l'on consulte l'une, il faut aussi prendre l'avis de l'autre, sous peine de manquer aux lois de la justice et de l'impartialité.

M. le ministre de l'agriculture et du commerce a demandé l'opinion des conseils des manufactures et des conseils municipaux sur deux questions qui touchent de plus près les ouvriers que les patrons : nous voulons parler du *livret* et des *prud'hommes*. Les chefs d'industrie ont eu toute latitude pour exposer leurs motifs d'adhésion à ces mesures ressuscitées d'une époque d'absolutisme et de réaction; quant aux ouvriers, on n'a pas plus songé à eux que s'ils n'étaient pour rien dans l'affaire.

Pourquoi cette injustice?

On nous objecte « l'impossibilité de consulter vingt millions de salariés disséminés sur tout le territoire français; ils ne sont constitués ni régulièrement, ni légalement; ce serait toute une organisation à faire. » Nous n'en disconvenons pas; cependant si le premier article de la Charte ne doit pas rester éternellement une fiction, il faudra bien en venir là, et il ne serait pas sans gloire pour nos hommes d'État de prendre l'initiative d'une réforme qui ôterait tout prétexte aux récriminations et aux reproches d'arbitraire.

Hâtons-nous de dire toutefois que pour le moment nos réclamations ne vont pas si loin. Nous ne demandons pas que le pouvoir ouvre ses palais à un congrès de travailleurs; le fait serait par trop nouveau, et nous ne sommes pas habitués à franchir d'un seul bond tant d'espace. Tout ce que nous voulons, c'est que les législateurs de l'une et de l'autre Chambre prennent nos vœux en considération, du moment qu'ils seront à même de les connaître.

Et maintenant l'opinion de la classe ouvrière

a-t-elle manqué de se produire sur la double question du livret et des prud'hommes? Les hommes du pouvoir ont-ils été à même de savoir ce que nous en pensions? Certes, il n'y a que les gens de mauvaise foi qui puissent prétexter d'ignorance. La polémique des journaux, les pétitions, les mémoires n'ont pas fait défaut, et nos protestations, pour n'être pas officielles, n'en sont pas moins authentiques. Comment se fait-il dès lors que, dans la discussion de la loi sur les livrets à la Chambre des pairs, en février 1846, les partisans du projet aient feint de ne pas avoir connaissance de nos réclamations? Que penser de ces épais optimistes qui, chaque fois que ces questions sont revenues à l'ordre du jour, ont eu l'impudence de présenter comme nous étant très-favorables des mesures vexatoires contre lesquelles nous avons été unanimes à protester? A toutes les objections on n'a su répondre que par les banalités de sollicitude paternelle du pouvoir, bienveillance du gouvernement, comme si nous n'avions à invoquer que des droits à la protection bénévole et philanthropique de la caste dominante.

Afin donc que l'opinion publique soit bien éclairée sur les sujets qui nous occupent, et en même temps afin que les ouvriers de Paris et des départements s'unissent plus étroitement pour défendre leurs droits, nous avons jugé utile d'ajouter cette brochure aux pétitions et mémoires déjà publiés sur cette matière. Nous demandons pardon de retomber dans d'éternelles redites ; mais il ne faut pas que des hommes de mauvaise foi puissent arguer encore de l'impossibilité de connaître l'opinion des travailleurs ; il ne faut pas que des charlatans de philanthropie viennent se poser à la tribune comme protecteurs de l'ouvrier, en soutenant des mesures odieuses qui portent encore le cachet du servage ; il faut enfin que le pouvoir soit mis en demeure de déclarer s'il entend, oui ou non, prendre au sérieux le premier article de la Charte-vérité : « Tous les Français sont égaux devant la loi. »

# LIVRETS.

Avant de discuter la question des livrets, nous croyons utile de donner le texte de la loi votée, le 12 février 1846, par la Chambre des pairs, afin que chacun puisse mieux apprécier la valeur de notre critique.

Les mêmes principes qui ont déterminé le vote de MM. les pairs sont appelés à triompher au Palais-Bourbon, puisque le projet est présenté et soutenu par le ministère. Nous sommes donc fondés à regarder cette œuvre comme le dernier mot du libéralisme d'un gouvernement issu des barricades. Nous faisons cette observation pour qu'on ne nous accuse pas d'avoir écrit une réfu-

tation anticipée d'une loi à laquelle il manque,
pour être complète, la sanction d'une Chambre
et la promulgation.

## LOI SUR LES LIVRETS

VOTÉE PAR LA CHAMBRE DES PAIRS LE 12 FÉVRIER 1840.

ARTICLE PREMIER. — Les ouvriers et apprentis de l'un
et de l'autre sexe, attachés aux manufactures, fabriques,
usines, mines, carrières, chantiers et ateliers, soit qu'ils travaillent dans l'établissement, soit qu'ils travaillent chez
eux pour un seul chef d'établissement, seront tenus de
se munir d'un livret.

ART. 2. — Les livrets seront en papier non timbré,
cotés et paraphés gratuitement ; ils seront délivrés sans
aucuns frais que le remboursement de leur prix de confection, qui ne pourra excéder 25 centimes.

ART. 3. — Lorsqu'un ouvrier entrera dans un des établissements mentionnés en l'article 1er, le chef de l'établissement devra inscrire sur le livret la date de l'entrée
de l'ouvrier.

A la sortie de l'ouvrier, le chef de l'établissement inscrira sur le livret la date de cette sortie, l'acquit des
engagements de l'ouvrier, et le montant des sommes
dont celui-ci pourra être redevable.

Il ne sera porté sur le livret aucune note favorable ou
défavorable.

ART. 4. — Aucun chef d'établissement ne pourra admettre un ouvrier soumis à l'obligation prescrite par
l'article 1er, si celui-ci ne produit son livret.

Le chef de l'établissement conservera le livret entre
ses mains tant qu'il continuera d'employer l'ouvrier, et
inscrira sur un registre spécial, en papier non timbré,
qu'il devra tenir à cet effet, les nom et prénoms de l'ouvrier, le nom et la demeure de son ancien maître, et le
montant des sommes dont il sera resté débiteur envers
ce dernier.

Art. 5. — L'ouvrier qui a contracté un engagement ne peut exiger la remise de son livret avant d'avoir rempli cet engagement.

Si l'inexécution de l'engagement provient du défaut de paiement des salaires, du manque d'ouvrage ou de toute autre cause indépendante de la volonté de l'ouvrier, le chef de l'établissement ne peut refuser la remise du livret, et l'ouvrier conserve les droits qui peuvent résulter pour lui de l'inexécution des conventions intervenues.

Art. 6. — Si le chef d'établissement refuse de remettre à l'ouvrier son livret, ou s'il le remet sans la mention d'acquit des engagements, le maire délivrera immédiatement, et sans frais, un congé provisoire, après y avoir inscrit le montant des avances réclamées par le chef de l'établissement. Ce congé provisoire tiendra lieu de livret à l'ouvrier, jusqu'à ce que le juge compétent ait prononcé sur la contestation.

Si le chef de l'établissement est empêché, le maire, après avoir constaté ce fait, inscrira sur le livret l'acquit des engagements et le montant des avances dont l'ouvrier pourrait être débiteur.

Art. 7. — Le chef d'établissement qui emploie un ouvrier dont le livret se trouve chargé d'avances doit exercer sur le salaire de ce dernier une retenue d'un cinquième au profit du créancier, sans que la retenue totale puisse excéder 30 francs. Il en donnera avis au créancier, et tiendra le montant de cette retenue à sa disposition.

Si le chef d'établissement néglige d'exercer ladite retenue, il en restera personnellement responsable jusqu'à concurrence du maximum ci-dessus.

Art. 8. — Dans le cas où la retenue serait exercée pour le remboursement d'avances portées sur un congé provisoire et dont l'ouvrier contesterait la quotité, le chef d'établissement ne remettra qu'après jugement le montant de la retenue à qui de droit.

Art. 9. — Le paiement des avances faites antérieurement à la promulgation de la présente loi restera soumis

; ux dispositions des articles 7, 8 et 9 de l'arrêté du 9 frimaire an 12.

Art. 10. — Les contestations qui pourront s'élever entre les chefs d'établissements et les ouvriers, relativement à la remise du livret, à la délivrance de l'acquit des engagements, ou à la quotité des avances, seront jugées par les conseils de prud'hommes, et, dans les lieux où cette juridiction n'est pas établie, par les juges de paix, en se conformant aux décrets du 20 février et du 5 août 1810, et à l'art. 5, n° 3, de la loi du 26 mai 1838.

Art. 11. — Le juge de paix prononcera, les parties présentes ou appelées par voie de simple avertissement. Sa décision sera exécutoire sur minute, sans aucun délai.

Art. 12. — Le livret, visé gratuitement par le maire de la commune où travaille l'ouvrier, tiendra lieu à ce dernier de passeport à l'intérieur. Le visa sera valable pour une année.

Les lois et règlements relatifs aux passeports à l'intérieur sont applicables aux livrets, sauf les exceptions résultant des dispositions de la présente loi.

Art. 13. — Des ordonnances royales portant règlement d'administration publique détermineront la forme des livrets, et les règles à suivre pour leur délivrance, leur tenue et leur renouvellement.

Elles régleront la forme du registre prescrit par l'article 4 et les indications qu'il devra contenir.

Elles pourront étendre l'application des dispositions de la présente loi à des établissements autres que ceux qui sont mentionnés en l'article 1er.

Art. 14. — Les contraventions aux articles 1er et 4 ci-dessus, et aux règlements d'administration publique qui seront publiés pour l'exécution de la présente loi, seront poursuivies devant le tribunal de simple police, et punies d'une amende de 1 franc à 15 francs, sans préjudice de tous dommages-intérêts, s'il y a lieu.

Art. 15. — Les chefs d'établissement et les ouvriers qui, conformément au titre 3 de la loi du 18 mars 1800,

feront usage du double livre d'acquit, ne seront pas soumis aux dispositions de la présente loi.

ART. 16. — La présente loi n'aura d'effet que trois
mois après sa promulgation.

Toutes les dispositions des lois antérieures contraires
à la présente loi seront abrogées à partir de la même
époque.

La loi nouvelle introduit une innovation grave,
l'obligation du livret imposée aux femmes. Nous
commencerons par apprécier la question sous ce
point de vue.

On a élevé contre cette disposition un reproche
qui mérite d'être développé : celui de l'immoralité. Cette accusation cependant n'a pas fait l'objet d'un débat sérieux à la Chambre des pairs ;
elle n'a été que vaguement formulée, et il a suffi
de quelques pasquinades du facétieux autant
qu'honorable baron Dupin pour l'écarter de la
discussion.

« Les relations sont généralement honnêtes et
bonnes entre les maîtres et les ouvriers, a dit cet
estimable statisticien. S'il y a corruption dans
certains genres d'établissements, ce danger n'est
pas du côté d'un maître qui *possède* trois cents,
quatre cents, cinq cents ouvrières. Il semble, en
vérité, qu'un chef d'établissement soit pareil au
grand-seigneur qui possède dans son harem trois
ou quatre cents odalisques. »

Il s'est trouvé des claqueurs pour applaudir à
cette révoltante ironie ! Après tout, un pareil
langage n'a pas lieu de nous surprendre dans la

bouche de l'opulent sophiste qui prétend qu'un ouvrier doit vivre très-heureux, lui et sa famille, avec trente sous par jour.

Peut-être n'y a-t-il pas en effet grand danger pour les mœurs dans les rapports entre le propriétaire manufacturier et ses ouvrières, car assez souvent les rapports sont nuls. Mais, pour n'être pas sous la direction immédiate du maître, les femmes des fabriques en sont-elles plus respectées? Ne se trouvent-elles pas à la merci des contre-maîtres et surveillants de second ordre? Ces messieurs n'entretiennent plus leurs maîtresses : ils leur promettent de l'ouvrage ; quant à celles qui ne savent pas se montrer complaisantes, ils ont le droit de leur retirer le travail. Que M. Dupin, qui a posé tant de chiffres, s'avise un jour de dresser une statistique sur ce sujet, et qu'il nous dise combien de fois les directeurs d'usine et de filature ont dédaigné d'user des droits du seigneur. Est-ce pour moraliser ces relations qu'on a inventé le livret? Dans l'état actuel des choses, la femme en quittant la manufacture, se trouve du moins affranchie de toute dépendance ; grâce au livret, la vengeance de son persécuteur l'atteint partout, en l'empêchant de trouver de l'occupation au dehors de l'établissement.

S'il existe des dangers dans les grands centres d'exploitation, que dirons-nous des petites industries qui occupent la grande majorité des ouvrières, là où les relations sont directes et quotidiennes entre les patrons et les femmes qu'ils occupent?

La Commission de la Chambre des pairs a constaté un fait que l'expérience nous avait révélé depuis longtemps : la tendance des maîtres à asservir, dans un but d'exploitation, leurs employés. Les paroles de la Commission, d'accord cette fois avec l'expérience, seront ici d'un grand poids :

« Un ouvrier, dit-elle, dont le livret est chargé
« d'avances, trouvant difficilement à se placer,
« reste chez son maître aux conditions qu'il plaît
« à celui-ci de lui imposer... Le malheureux ou-
« vrier qui n'a pas craint de faire quelques pas
« dans la voie des emprunts ne peut bientôt plus
« s'acquitter, et devient, il faut le dire, *l'esclave*
« *de son maître*, travaillant sans ardeur, *sans*
« *espérance*, car il ne travaille plus pour lui-
« même, et le salaire qu'on veut bien lui accor-
« der est au-dessous du prix que ses camarades
« obtiennent. »

On a voulu mettre l'ouvrier à l'abri de ce genre d'exploitation, et l'on n'a rien dit pour les femmes, qui n'ont ni sociétés de secours, ni tarifs, ni compagnonnage! Et l'on n'a pas vu qu'il y avait là pour elles un danger mille fois plus à craindre que l'appât d'un lucre sordide! N'en doutez pas, on asservira l'ouvrière; on lui offrira des avances; on la forcera d'en accepter, afin de la tenir à merci et discrétion ; elle subira le joug du plus odieux despotisme, elle deviendra l'esclave de son maître, de ce maître que la Commission a presque qualifié de voleur.

Quelles voies offre-t-on aux femmes pour sortir de cette affreuse position ? A quel tribunal porteront-elles leurs réclamations? Aux juges de paix ou aux prud'hommes, sans doute. A qui elles s'adresseront, il est superflu de s'en préoccuper. Elles ne réclameront pas, parce que les procédés de la chicane ne leur sont point familiers, et que les tracasseries policières répugnent à leur esprit; elles ne réclameront pas, parce que, s'y décidassent-elles, les démarches à faire entraîneraient une perte de temps que la modicité de leur salaire ne leur permettrait pas de supporter; elles ne réclameront pas, parce que, eussent-elles les moyens de se faire rendre justice, elles savent qu'elles ont plus que personne besoin de garanties de moralité; et certainement le moins puritain des pairs de France qui ont voté cette loi augurerait mal d'une jeune fille assez osée pour procéder contre un patron par voie de justice; il ne leur restera qu'à souffrir et à consumer leur vie dans un travail ingrat, insuffisamment rétribué, sans appui, « sans espérance ! » c'est le mot de la Commission.

Que des ventrus ne viennent pas nous dire que nous nous attachons à des cas exceptionnels; nous ne faisons que montrer le résultat fatal du livret, l'asservissement des personnes soumises à cette mesure.

Un dernier trait tout caractéristique de cette législation libérale.

Supposons qu'une ouvrière se soit fait remettre, de gré ou de force, son livret, un livret chargé d'avances. Son nouveau patron est obligé de lui faire sur son salaire la retenue d'un cinquième. Un cinquième sur la journée d'une femme, sur une rétribution déjà insuffisante aux premiers besoins de la vie! Aurait-on compté sur la pitié, la générosité pour adoucir les prescriptions légales? De la pitié chez un créancier blessé dans son orgueil, humilié, vindicatif, amère dérision; de la générosité, qui la croirait désintéressée? Mais la propriété est inviolable, elle veut des garanties; et la loi, pleine de sollicitude, exige le prélèvement du cinquième : un cinquième sur une journée de 50, 75 centimes, 1 franc au plus; infamie et prostitution! il ne reste à la victime qu'à troquer son livret contre une carte du bureau des mœurs.

Au fait, le pas sera moins rude à franchir, puisque, par l'effet de la loi, toutes les ouvrières se trouveront placées sous la surveillance immédiate de la police, avec obligation pour elles d'aller périodiquement aux bureaux faire régulariser leur position. Nos législateurs du Luxembourg ont voté cela sans scrupule, comme une chose toute naturelle. Qu'il y ait là une disposition profondément blessante pour la dignité des femmes, une assimilation outrageante pour leur honneur, c'est ce dont ils se sont fort peu préoccupés; la mesure n'atteint pas les dames du bon ton; et c'est vraiment dommage : messieurs de la police

se seraient montrés si galants, si remplis d'é-
gards! Mais il ne s'agit que de femmes et filles du
peuple, et l'on ne prend pas de soucis là-haut
pour si peu de chose.

Toutes ces considérations, ce semble, doivent
paraître bien métaphysiques aux représentants
du pays légal; nous essayerons, en terminant, de
leur poser des objections plus saisissables.

1° Le livret doit contenir la désignation d'une
profession : une femme en général travaille à la
couture; la loi nous doit avant tout des dénomi-
nations officielles pour les travaux de couture.
L'objet de ces travaux change *forcément* suivant
les saisons; les ouvrières devront-elles en même
temps changer de livret? Le livret ressemblerait
dès lors à une mesure fiscale dont la bourse
d'une femme ne pourrait guère payer les frais.

2° Pour obtenir un livret, il faut : 1° un certificat d'apprentissage : or la plupart des femmes
ne font pas d'apprentissage; elles apprennent à
coudre dans les écoles ou dans leur famille; 2° ou
la demande d'une personne chez qui l'on a travaillé : mais pour travailler chez quelqu'un, il
faut d'abord produire un livret; 3° ou le témoignage de deux citoyens patentés : veut-on que la
jeune ouvrière aille engager, moyennant pour-
boire, un crocheteur et un marchand de vin,
notre ressource habituelle en pareil cas, à lui
servir de témoins?

Laissons donc là les reproches d'injustice, de
despotisme, d'immoralité;—contentons-nous de

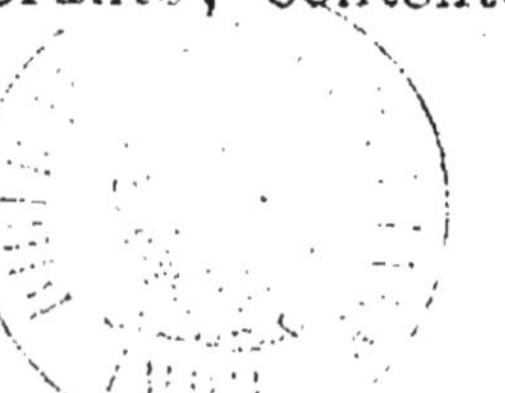

2.

constater que, dans son innovation, la loi a été absurde.

Il nous reste à étudier la question dans son ensemble et ses parties, et nous la considérerons désormais comme n'étant applicable qu'aux ouvriers.

Le livret ne sera pas imposé aux travailleurs employés par plusieurs maîtres : on a reconnu l'impossibilité de les astreindre à cette mesure. Quant à ceux qui travaillent chez eux, il leur sera toujours facile de s'y soustraire en déclarant qu'ils reçoivent des commandes de plusieurs industriels ; en sorte que la loi ne regarde vraiment que les ouvriers occupés dans les « manufactures, fabriques, usines, mines, carrières, chantiers, ateliers. » Nous ne voyons pas sur quoi se base la préférence. Il faut, a-t-on dit, des moyens à l'autorité de surveiller ces bandes nomades, qui s'en vont de ville en ville quêter du travail, et n'ont que trop souvent des démêlés avec la justice. Aurait-on pris au sérieux cette allégation de nos fabricants, que l'ouvrier à livret n'a pas de domicile fixe, et que nous sommes en quelque façon en état permanent de vagabondage ? Nous ne nous arrêterons pas à réfuter une imputation aussi injurieuse, et nous nous contenterons de repousser le livret employé comme instrument de police. Les moyens de surveillance ne manquent pas à l'égard des ouvriers errants, et il serait aussi imprévoyant de laisser à ces derniers toute facilité de se confondre avec les honnêtes gens, qu'outrageant pour nous de nous assimiler à des bandes de malfaiteurs.

Mais il s'agit vraiment de tout autre chose : le livret est une mesure entièrement à notre avantage. Demandez-le plutôt à MM. Dupin et consorts, et ils vous diront que le livret est précieux comme moyen d'obtenir des avances, comme garantie de capacité, de moralité, et bonne recommandation. Personne, remarquons-le en passant, ne croit à ces niaiseries. Et quand tout cela serait sérieux, nous demanderions pourquoi la loi n'est pas faite de telle sorte que ces bénéfices soient accessibles à toute la classe laborieuse. Admirez un peu la logique : le livret est une mesure *toute favorable* aux ouvriers ; seulement il ne sera pas *imposé* à ceux qui travaillent pour plusieurs maisons ; on reconnaît *l'impossibilité de les contraindre* à l'exécution de cette formalité ! ! !

La signature du maître sur le livret, a-t-on prétendu, est une recommandation pour les *bons* ouvriers. Absurdité : pour que l'assertion fût vraie, il faudrait admettre deux genres de signatures, l'une pour les bons, l'autre pour les mauvais, et le livret ne doit porter aucune mention favorable ni défavorable. Ensuite il faudrait que les signatures de tous les patrons fussent recommandables. Or les entrepreneurs de confection au rabais, les fabricants de pacotille, aussi connus pour la mauvaise qualité de leurs produits que pour le bon marché, sont-ils capables de donner une bonne recommandation. Demandez aux ouvriers qui travaillent pour ces genres d'établissements s'ils se prévalent du renom de leurs maîtres pour s'embaucher ailleurs? Le livret devient pour eux un stigmate qui les met à l'index des bonnes maisons.

Et la multiplicité des signatures, la regarde-t-on aussi comme une bonne garantie? Combien d'ouvriers, même des meilleurs et des plus honnêtes, sont obligés de changer d'ateliers plusieurs fois par semaine.

Il est bon de tenir compte de cette mobilité extrême dans le personnel des établissements industriels, pour apprécier les pertes de temps immenses qu'entraîne l'obligation pour nous de faire viser notre livret à la police, chaque fois que nous changeons de maison..

La remise du livret entre les mains du chef d'établissement, dit M. le ministre du commerce, est « utile à l'ouvrier, car elle le met à l'abri de « tous les moyens de séduction et d'embauchage « que certaines rivalités pourraient exercer à « son égard. » On ne peut rien désirer de plus explicite : le livret est un moyen de nous enlever la liberté de porter notre travail où bon nous semble. Permis au maître de nous congédier quand il voudra. On ne songe pas à le mettre, lui, à l'abri des séductions d'embauchage au rabais; on ne lui conteste nullement le droit de faire travailler à bon compte et d'éconduire celui

qui demande un prix plus élevé. Mais nous, c'est
différent. Nous trouvons un travail plus lucratif:
grande tentation, n'est-ce pas? La sollicitude
paternelle du pouvoir veille sur nous et saura
nous préserver d'une si dangereuse séduction.
Pour profiter de l'occasion, il nous faut être en
règle, c'est-à-dire avoir notre livret; nous allons
le demander; le patron est absent, ou refuse de
nous le remettre. Nous nous adressons aux tribunaux; nous perdons plusieurs jours en démarches, et quand nous nous présentons, nous trouvons la place occupée. Le capitaliste n'a pu
attendre; il en est très-fâché au fond, c'est un
malheur; mais un autre s'est trouvé tout prêt,
et il l'a pris.

Voilà la protection dont on nous entoure!

Le livret est précieux pour nous comme moyen
d'obtenir des avances. Toujours quelque inspiration bienveillante. Quels sont donc les patrons
qui font des avances à leurs ouvriers? — Ceux
qui cherchent à se les asservir; c'est la Commission de la Chambre des pairs elle-même qui
le proclame.

La créance de cet exploiteur, il faut la garantir solidement; il ne faut pas qu'il soit exposé aux
pertes. Si en voulant faire tomber l'ouvrier dans
le piége, il allait se trouver dupé! La loi ne le
saurait tolérer : la propriété est inviolable. La
dette sera inscrite sur le livret, hypothéquée sur
le travail du débiteur, et partout où ira ce dernier, on lui fera sur son salaire la retenue d'un

cinquième au bénéfice de son prêteur. Que diable! il faut encourager la philanthropie.

Nous n'insisterons pas sur ce qu'il y a de blessant pour la dignité d'un homme d'être contraint à montrer que sa position a été mauvaise; sur la déconsidération dont il sera l'objet; sur les jugements défavorables qui ne pourront manquer de se produire sur son compte : de la considération, de la dignité chez un prolétaire, est-ce que nos optimistes croient à cela?

Mais nos intérêts, comment sont-ils sauvegardés? Nos créances envers les patrons, les a-t-on garanties? on ne s'en est pas même occupé. Et pourtant c'est la règle générale, et non une exception : tous les patrons sont constamment débiteurs de leurs ouvriers; outre le courant, qui dans bon nombre de maisons ne se règle que par quinzaines, et même par mois, bien des maîtres redoivent sur les salaires de l'arriéré, qui serait perdu pour les créanciers en cas de faillite. Si tous les Français sont égaux devant la loi et obtiennent égale protection, il faut que l'entrepreneur soit astreint à se munir d'un registre sur lequel nous inscrirons les sommes qui nous seront dues; le registre sera remis aux mains de celui qui fait les commandes, et ce dernier fera au patron une retenue au bénéfice des ouvriers.

Avec cette condition de réciprocité, nous n'aurions pas à nous plaindre. Autrement, nous ne voyons pas pourquoi l'on nous rejetterait en dehors du droit commun. Les créances, de part et d'autre, doivent être garanties dans la forme des contrats ordinaires.

Dernier et immense avantage du livret, c'est de pouvoir remplacer le passeport. — Prolétaires, vos seigneurs et maîtres vous font l'aumône d'un passeport à 25 centimes. — Merci, philanthropes! ô philanthropes, merci!

Le livret est pour nous une mesure onéreuse, vexatoire, blessante pour notre dignité; c'est une loi d'exception qui nous asservit au capital; eh bien, ce n'est pas tout encore; voici l'art. 13 qui porte :

« Des ordonnances... détermineront la forme des livrets et les règles à suivre pour leur délivrance, leur tenue et leur renouvellement.

« Elles régleront la forme du registre prescrit par l'art. 4, et les indications qu'il devra contenir.

« Elles pourront étendre l'application des dispositions de la présente loi à des établissements autres que ceux qui sont mentionnés en l'art. 1er. »

Après le despotisme l'arbitraire, c'est de rigueur. Nulle profession ne se trouve ainsi à l'abri des dispositions de la loi. Le livret pourra devenir une mesure fiscale qui compensera, par les frais de renouvellement, l'économie à réaliser sur les passeports. Il pourra devenir un moyen d'inquisition policière sur l'esprit, les capacités, les idées politiques et socialistes de l'ouvrier. Qu'on ne dise pas que nous exagérons : tout cela dépend du bon plaisir des ministres.

Veut-on savoir quelles sont les conséquences des art. 4 et 13 de la loi ? Après les troubles de

Lille, au mois de mai dernier, le maire de la ville a demandé aux chefs d'établissement les noms et adresses des ouvriers qui n'avaient pas travaillé les jours d'émeute. Les patrons, il est vrai, ont refusé de se faire dénonciateurs; mais le maire de Lille a prouvé, par sa conduite, qu'il avait bien compris la portée des articles 4 et 13 de la loi votée par la Chambre des pairs.

Et maintenant banquiers, boutiquiers, conservateurs et ventrus, est-ce dans l'intérêt du peuple que vous soutenez cette mesure? Est-ce pour le bien des travailleurs que vous restaurez une inspiration du régime féodal? Laissez, laissez là vos grossiers subterfuges; vos phrases bienveillantes et vos airs protecteurs n'en imposeront à personne; nous savons que la philanthropie chez vous n'est que mensonge et imposture. Ayez le courage de lever le masque et d'avouer franchement qu'entre vous et l'ouvrier vous ne voulez d'autres relations que celles de maître à esclave.

# PRUD'HOMMES.

Décidément le temps est aux exhumations. Les
ministres, absorbés tout entiers par les affaires
de la grande politique, n'ont pas le loisir de s'oc-
cuper de la nation. Ils doivent s'estimer heureux
d'être venus tard en ce monde, et d'avoir suc-
cédé à des hommes qui ont su penser et organiser pour eux. Au lieu de répondre par des règlements neufs aux besoins nouveaux de la généra-
tion, ils se contentent de remonter en arrière et
de chercher quelque palliatif dans le *Bulletin des
Lois.*

Pourtant la législation qui nous régit ne peut
être éternellement immuable et absolue. Telles

mesures, utiles à une époque, tombent plus tard en désuétude, faute d'objet, ou appellent une révision. C'est la condition de toute société en progrès; c'est la raison qui justifie la permanence des législatures. Aujourd'hui, la seule mission des Chambres est de voter l'impôt; quant aux intérêts à concilier et aux débats à vider, on ne sait que recourir à ce qui a été décrété antérieurement.

Une question vitale et d'actualité par excellence, c'est la question des salaires. Les collisions réitérées entre le travail et le capital rendent urgente la solution du problème. Comment mettre d'accord les partis? Par quels moyens assigner un terme à ces luttes qui viennent périodiquement troubler la quiétude des commensaux du budget? Nos gouvernants, qui ne sont pas des Alexandres, auraient été fort embarrassés pour délier ce nœud gordien. Heureusement pour eux Napoléon avait prévu le cas : d'un coup de despotisme il avait créé les prud'hommes.

Déjà, il y a deux ans, l'on avait doté l'industrie des métaux de la ville de Paris, à titre d'essai, d'un conseil de prud'hommes. Il paraît qu'on a été satisfait de l'expérience, car trois nouveaux tribunaux de même nature viennent d'être constitués par une curieuse ordonnance, dont voici le texte :

# ORDONNANCE

### PORTANT CRÉATION

## DE TROIS NOUVEAUX CONSEILS DE PRUD'HOMMES

### POUR LA VILLE DE PARIS.

LOUIS-PHILIPPE, etc.

Sur le rapport de notre ministre secrétaire d'État de l'agriculture et du commerce ;

Vu les articles 34 et 35 de la loi du 18 mars 1806, et les décrets des 11 juin 1809, 20 février et 5 août 1810 ;

Vu les délibérations en date du 26 juin dernier, par lesquelles le conseil municipal de la ville de Paris a demandé l'institution, dans cette ville, de trois nouveaux conseils de prud'hommes et voté les fonds nécessaires pour l'établissement et l'entretien de ces conseils ;

Vu notre ordonnance en date du 29 décembre 1844, par laquelle nous avons ordonné l'institution d'un conseil de prud'hommes pour l'industrie des métaux dans la ville de Paris ;

Notre conseil d'État entendu ;

Nous avons ordonné et ordonnons ce qui suit :

ARTICLE PREMIER. — Il est établi à Paris trois nouveaux conseils de prud'hommes, savoir :

Un conseil pour les tissus et les industries qui s'y rattachent ;

Un conseil pour les produits chimiques et les industries qui s'y rattachent ;

Un conseil pour les industries diverses.

Chacun de ces conseils sera composé de quinze membres titulaires, dont huit marchands-fabricants ou entrepreneurs, et sept chefs d'atelier, contre-maîtres ou ouvriers patentés.

ART. 2. — Les industries soumises à la juridiction de chaque conseil sont divisées en catégories, conformément au tableau ci-après.

Chaque catégorie procédera séparément à l'élection des prud'hommes dans une assemblée spéciale, composée de fabricants, entrepreneurs, chefs d'atelier, contre-maîtres et ouvriers patentés.

Dans chaque conseil, les différentes catégories concourront aux nominations dans les proportions suivantes, savoir :

## CONSEIL DES TISSUS ET DES INDUSTRIES

### QUI S'Y RATTACHENT.

|  | marchands-fabricants ou entrepren. | chefs d'atelier, contre-maîtres ou ouvr. patent. |
|---|---|---|
| 1<sup>re</sup> *catégorie.* —Filateurs de toute sorte, fabricants de tissus. . . . | 1 | 1 |
| 2<sup>e</sup>. — Apprêteurs , blanchisseurs, teinturiers, imprim. sur étoffes. | 2 | 1 |
| 3<sup>e</sup>. — Fabricants de broderie, passementerie, bonneterie, franges, tapissiers. . . . . . . . . . . . | 2 | 2 |
| 4<sup>e</sup>. — Fabricants de chapellerie et de casquettes. . . . . . . . . | 1 | 1 |
| 5<sup>e</sup>. — Fabricants de fleurs artificielles, plumassiers, fabricants de sparterie, de chapeaux de paille et de modes. . . . . . . | 1 | 1 |
| 6<sup>e</sup>. — Tailleurs. . . . . . . . . | 1 | 1 |
|  | 8 | 7 |

# CONSEIL DES PRODUITS CHIMIQUES ET DES INDUSTRIES

## QUI S'Y RATTACHENT.

| | marchands-fabricants ou entrepren. | chefs d'atelier, contre-maîtres ou ouvr., patent. |
|---|---|---|
| 1<sup>re</sup> *catégorie*. — Fabricants d'acides, alcalis, sels divers, colle forte, gélatine, gaz d'éclairage; fabricants de bougies et de chandelles, fondeurs de suif, savonniers. . . . . . . . . . . . . | 2 | 1 |
| 2<sup>e</sup>. — Fabricants de fécules et pâtes; fabricants et raffineurs de sucre, distillateurs, brasseurs, confiseurs, chocolatiers. . . . . . . | 2 | 1 |
| 3<sup>e</sup>. — Fabricants de papiers peints et autres, de cartons, de cartonnages et de cartes à jouer. . . | 1 | 1 |
| 4<sup>e</sup>. — Fabricants de faïence, de porcelaines, de cristaux et verreries, de couleurs, céruse et vernis; peintres et vitriers. . . . . . | 1 | 2 |
| 5<sup>e</sup>. — Fabricants de toiles cirées et vernies, mégissiers, gantiers, maroquin., tanneurs, corroyeurs. | 1 | 1 |
| 6<sup>e</sup>. — Cordonniers et bottiers. . | 1 | 1 |
| | 8 | 7 |

## CONSEIL DES INDUSTRIES DIVERSES.

| | marchands-fabricants ou entrepren. | chefs d'atelier, contre-maîtres ou ouvr. patent. |
|---|---|---|
| 1<sup>re</sup> *catégorie*. — Imprimeurs typographes et lithographes, imprimeurs en taille douce, brocheurs, satineurs, relieurs, fabricants de registres. . . . . . . . . . . . | 2 | 1 |
| 2<sup>e</sup>. — Sculpteurs en bois, fabricants d'ébénisterie, de cadres et moulures, tourneurs en bois et en os, tabletiers. . . . . . . . . . | 2 | 2 |
| 3<sup>e</sup>. — Menuisiers, rampistes et parqueteurs. . . . . . . . . . . | 1 | 1 |
| 4<sup>e</sup>. — Entrepreneurs de charpente, scieurs de long et à la mécanique. . . . . . . . . . . . . | 1 | 1 |
| 5<sup>e</sup>. — Entrepreneurs de maçonnerie, terrassiers, couvreurs, entrepreneurs de pavage. . . . . . . | 1 | 1 |
| 6<sup>e</sup>. — Fabricants de chaux, plâtre et ciment; carriers, marbriers, fabricants de tuiles, briques et ardoises. . . . . . . . . . . . | 1 | 1 |
| | 8 | 7 |

15

Art. 3. — Chaque catégorie nommera, en outre, pour remplacer les membres titulaires en cas de décès, de démission ou d'empêchement légitime, deux suppléants pris, l'un parmi les marchands – fabricants ou entrepreneurs, et l'autre parmi les chefs d'atelier, contre-maîtres ou ouvriers patentés.

Leurs fonctions dureront trois ans.

ART. 4. — L'élection des membres titulaires et celle des suppléants seront faites suivant le mode et la forme réglés par le décret du 20 février 1810.

Les prud'hommes titulaires et suppléants prêteront serment entre les mains du préfet du département de la Seine, au moment de leur installation, après que la régularité des élections aura été constatée par notre ministre secrétaire d'Etat de l'agriculture et du commerce.

ART. 5. — Chaque conseil soumettra à l'approbation de notre ministre de l'agriculture et du commerce un projet de règlement pour le régime intérieur, tant du bureau général que du bureau particulier.

ART. 6. — La juridiction des conseils de prud'hommes établis par la présente ordonnance s'étendra à toutes les fabriques, manufactures et industries désignées en l'article 2, et situées dans le ressort du tribunal de commerce de la Seine.

Seront, en conséquence, justiciables de ces conseils, les marchands-fabricants et entrepreneurs, chefs d'atelier, contre-maîtres, ouvriers, compagnons, apprentis et employés travaillant pour lesdites fabriques, manufactures et industries, quel que soit d'ailleurs le lieu de leur domicile ou de leur résidence.

ART. 7. — La ville de Paris fournira le local nécessaire à la tenue des séances, et pourvoira tant aux dépenses de premier établissement et d'entretien qu'aux dépenses annuelles de chauffage, éclairage et autres menus frais, ainsi qu'au traitement des secrétaires et autres employés.

ART. 8. — Notre ministre secrétaire d'Etat au département de l'agriculture et du commerce, et notre garde des sceaux, ministre de la justice et des cultes, sont chargés, chacun en ce qui le concerne, de l'exécution de la présente ordonnance, qui sera insérée au *Bulletin des Lois*.

Fait à Neuilly, le 9 juin 1847.

## LOUIS-PHILIPPE.

Par le roi :

*Le ministre secrétaire d'État au département de l'agriculture et du commerce,*

Cunin-Gridaine.

Arrêtons-nous un peu à cette classification d'industries et à ces catégories, qui n'ont certes aucune parenté avec celles de Kant ou d'Aristote.

Nous ne voyons vraiment pas par quel lien M. Cunin-Gridaine entend rattacher la botterie et la cordonnerie à la fabrication des produits chimiques. Jamais les ouvriers ne se seraient doutés qu'il entrât de la chimie dans les semelles et les tiges de bottes, à moins que ce ne soit par l'intermédiaire de la colle ou de la poix. M. Cunin aurait-il voulu passer pour profond ? Nous croyons, quant à nous, que M. le ministre du commerce serait le premier embarrassé pour donner une raison plausible de sa classification, et le seul titre qui convînt à ce grimoire était celui de la troisième série : *Industries diverses;* GALIMATIAS.

En quoi en effet les tailleurs ou les plumassiers sont-ils plus aptes à juger les bonnetiers ou les imprimeurs sur étoffes, que les gantiers ou les maçons? Qui croirait, si l'ordonnance n'était précise à cet égard, que les corroyeurs seront jugés, dans leurs contestations de salaire, par les fondeurs de suif et les chocolatiers; les typographes par les scieurs de long et les couvreurs.

Entrons dans quelques détails, et posons des chiffres pour l'édification des lecteurs; nous ferons notre calcul, à tout hasard, sur le troisième conseil.

Cette série, comme les deux précédentes, renferme 6 catégories et nomme 15 membres, dont 8 patrons et 7 contre-maîtres ou ouvriers patentés. Elle comprend 30 professions, si l'on s'en rapporte aux virgules; car on pourrait bien, par exemple, considérer comme distincts les imprimeurs et les typographes, les tourneurs en bois et les tourneurs en os; mais passons là-dessus.

Les catégories, les industries et les élections à faire sont réparties de la manière suivante : nous nous inclinons toujours devant la haute sagesse qui a présidé à cette classification :

| | | | | | |
|---|---|---|---|---|---|
| 1<sup>re</sup> catégorie, | 7 professions, | 3 prud'hommes· |
| 2<sup>e</sup> | — | 5 | — | 4 | — |
| 3<sup>e</sup> | — | 3 | — | 2 | — |
| 4<sup>e</sup> | — | 3 | — | 2 | — |
| 5<sup>e</sup> | — | 4 | — | 2 | — |
| 6<sup>e</sup> | — | 8 | — | 2 | — |

En tout. . . 30 professions. 15 prud'hommes.

Il y a donc forcément 15 professions non représentées au conseil ; et s'il arrive que les trois ou quatre membres nommés dans une catégorie appartiennent à une seule industrie, — rien dans la loi ne s'y oppose, — le nombre des non-représentés pourra s'élever jusqu'à 24.

On nous objectera peut-être que tous ces états seront représentés, puisque tous sont appelés à concourir à l'élection. Sous ce point de vue, l'objection n'est que jésuitique, car il faut considérer que les prud'hommes n'ont point à porter des lois ni à consacrer des principes ; leur fonction est de juger des faits, et il y a nécessairement dans cette troisième série quinze industries au moins qui ne comptent pas de juges compétents dans le tribunal, à moins d'admettre qu'un charpentier, par exemple, est apte à vider une contestation de salaire dans la lithographie.

Les rédacteurs de l'ordonnance ont oublié apparemment quelles sont les attributions des prud'hommes. Nous allons le leur rappeler.

Le but de cette institution est de substituer aux juges ordinaires des hommes expérimentés qui puissent apprécier la nature du travail qui leur est soumis, et se prononcer en connaissance de cause. Le juge de paix, dans la plupart des cas, ne sait que partager le différend : un voleur demande trop, un autre n'offre pas assez ; qu'ils s'arrangent et se fassent des concessions mutuelles. Voilà toute la tactique du juge de paix. Mais si l'une des parties refuse de s'avouer implicitement voleur, et demande une évaluation précise de l'objet en litige, le juge n'y connaît plus rien ; il nomme des arbitres.

Les conseils de prud'hommes, dans la pensée du législateur, sont appelés à se prononcer eux-mêmes comme arbitres. C'est ce qui ressort avec évidence des dispositions de la loi et de l'exposé des motifs.

« La surveillance à exercer (sur les produits de l'industrie), dit Regnault de Saint-Jean-d'Angély, les contraventions à réprimer demandaient d'autres instruments que ceux de l'administration générale de l'empire, et même de l'administration particulière de la cité, d'autres agents que ceux de la police ordinaire. Ces fonctions *exigent des connaissances* que les fabricants seuls ou les chefs d'atelier peuvent réunir... Elles étaient exercées, avant 1789, par les juges-gardes ou syndics des communautés. Sa Majesté a cru convenable de les confier à des prud'hommes choisis, partie dans le nombre des négociants-fabricants, partie dans le nombre des chefs d'atelier...

« Toutes les villes, tous les genres de manufactures ne comporteront pas une composition entièrement semblable, et la diversité des fabrications exigera des dispositions diverses dont il est nécessaire que le gouvernement soit juge.

« La loi remet aux prud'hommes le soin de délivrer les livres d'acquit aux chefs d'ateliers, et les substitue aux officiers de police dans cette partie de leurs fonctions, qui sera ainsi exercée, sinon avec plus de zèle, du moins avec des *lumières* plus positives, plus étendues, et une action plus prochaine et plus puissante. »

« Le conseil, dit encore Pernon au tribunat, doit remplacer l'ancien corps des juges-gardes, débarrassé, dans ses formes, de tout ce que l'expérience a montré être nuisible au progrès de l'industrie et à la liberté du commerce. Ce tribunal, par la nature de sa composition et dans l'exercice des pouvoirs qui lui sont délégués, a un avantage sur ceux qu'il remplace. Il doit être composé d'hommes qui, par leurs habitudes et leur éducation, *auront acquis toutes les connaissances* qui doivent faire présumer la justesse et l'équité de leurs décisions. »

L'art. 3 du décret de 1806 exige que les candidats aient au moins six ans d'exercice.

Enfin l'art. 12 de la loi du 11 juin 1809 porte :

« Les conseils de prud'hommes ne connaîtront *que comme arbitres* des contestations entre les fabricants ou marchands pour les marques, comme il est dit article 6, et, entre un fabricant et ses ouvriers, contre-maîtres, des difficultés relatives aux opérations de la fabrique. »

Il demeure établi par ce qui précède que les plaideurs sont renvoyés devant des arbitres cumulant les fonctions d'experts et celles de juges tout à la fois.

La même loi du 11 juin 1809 crée deux bureaux de conciliation :

« ART. 21. — Le bureau particulier des prud'hommes sera composé de deux membres, dont l'un sera marchand-fabricant, et l'autre chef d'atelier, contre-maître ou ouvrier patenté...

« ART. 22. — Les fonctions du bureau particulier sont de concilier les parties; s'il ne le peut, il les renverra devant le bureau général.

« ART. 23. — Le bureau général se réunira une fois par semaine au moins; il prendra connaissance de toutes les affaires qui n'auraient pu être terminées par la voie de conciliation, quelle que soit la quotité de la somme dont elles seraient l'objet; mais ses jugements ne seront définitifs qu'autant qu'ils porteront sur des différends qui n'excéderont pas 100 francs en capital et en accessoires (1). Dans tous les autres cas, il sera libre d'en appeler.

« Art. 24. — Le bureau général ne pourra prendre de délibérations que dans une séance où les deux tiers au moins de ses membres se trouveront présents. »

L'ordonnance du 9 juin 1847 maintient ces dispositions; seulement elle n'indique pas les moyens d'exécution. Supposons en effet, toujours dans la troisième série, le bureau particulier composé un jour d'un ébéniste et d'un plâtrier. Se présentât-il un fait du ressort de l'un de ces prud'hommes, il n'y en aurait toujours qu'un sur deux capable d'apprécier les raisons des exposants. Et s'il arrive une contestation dans l'une des vingt-huit professions complétement étrangères à l'ébénisterie et à la fabrication du plâtre, que pourra faire le bureau particulier? Enregistrer la cause et renvoyer les clients devant le conseil. Le bureau particulier ne sera donc réellement qu'un bureau d'enregistrement. Dès lors à quoi bon des prud'hommes? un commis suffirait.

Que fera maintenant le bureau général? Rien de plus. Remarquons d'abord que les deux tiers des membres élus, dix, par conséquent, suffisent pour que l'on prenne une délibération. Mais nous admettons que tous se piquent d'exactitude, et que le conseil sera toujours au grand complet; supposons en second lieu que les élections aient

(1) C'est le décret du 5 août 1810 qui porte à 100 fr. la somme qui n'était que de 60 dans la loi du 11 juin 1809.

été faites dans le sens le plus libéral, en sorte
que sur les trente professions, il y en ait au
moins quinze de représentées : — c'est l'hypo-
thèse la plus favorable à l'institution. — Qu'il se
présente une réclamation dans l'une de ces quinze
industries ; il n'y aura jamais qu'un prud'homme
capable de se prononcer en connaissance de
cause. Les autres, en âme et conscience, devront
s'abstenir, s'ils considèrent surtout que les différends soumis à leur juridiction peuvent s'élever jusqu'à 100 francs. Comment, dans ce cas,
former une majorité ? Et si le fait à juger est ap-
porté par l'un des quinze corps d'état exclus de
la représentation, que fera le bureau général ?
Inévitablement il se récusera et nommera des
arbitres. Encore une fois à quoi bon des prud'-
hommes ? Les justices de paix remplissent abso-
lument le même but.

Nous ne nous attachons ici qu'à une espèce de
fonctions des conseils : l'arrangement des contestations entre maîtres et ouvriers. Il nous serait facile de montrer que les prud'hommes du
9 juin 1847 seront également d'une incapacité
forcée dans leurs autres attributions, telles que
les règlements de compte entre patrons et chefs
d'atelier, la conservation de la propriété des dessins, etc.; mais cela ne nous regarde pas.

Entre la savante organisation impériale et la
stupide ordonnance Cunin, il y a toute la dis-
tance du génie au crétinisme. Jamais l'impuis-
sance et l'ineptie du conseil des neuf ne se sont

mieux révélées. On ne peut donc trouver au ministère, nous ne dirons pas un administrateur habile, un financier capable, mais pas même un plagiaire intelligent. Ces gens-là ne savent organiser que la corruption : hors de cette spécialité, que font-ils? que produisent-ils? Rien, rien, rien! disent les conservateurs progressistes. Et pis que rien, ajouterons-nous; car ils font de l'arbitraire et de l'odieux. Les députés demandent que la lumière se fasse sur leurs actes ; demandons aussi qu'elle pénètre dans leurs intelligences.

Si notre protestation devait porter seulement contre l'ordonnance du 9 juin 1847, notre tâche s'arrêterait là; nous attendrions du temps et de l'expérience la confirmation du reproche d'absurdité que nous faisons à la loi. Mais il existe au fond de la législation un principe plus grave et plus sérieux qu'il nous importe de combattre : l'exclusion des ouvriers de toute participation à la formation des conseils de prud'hommes.

Cette exclusion était-elle dans la pensée du législateur de 1806? C'est ce dont au premier abord on semble ne pouvoir douter. Pourtant, par le fait, l'intérêt du travailleur était assez directement représenté dans les conseils, et pour le démontrer, nous remonterons à l'origine de l'institution.

Le but du décret du 18 mars 1806 était complexe : 1° vider les contestations entre maîtres et ouvriers; 2° prévenir les fraudes commerciales dans la fabrication des étoffes de soie ; 3° conserver aux inventeurs la propriété de leurs dessins. Nous nous en tiendrons au premier point de vue. Ce décret était spécial à la ville de Lyon et à l'industrie de la soie. Plus tard on en étendit l'application à d'autres villes et à d'autres professions.

Le décret du 11 juin 1809 est complémentaire du premier ; bien que l'art. 9 parle de la marque des objets de quincaillerie, il est évident que le législateur s'est préoccupé surtout de la fabrication des tissus. L'art. 1er porte :

« Les conseils de prud'hommes ne seront composés que de marchands-fabricants, de *chefs d'atelier*, de contre-maîtres, de *teinturiers* ou *ouvriers patentés*. »

La loi, en maintes occasions, consacre la dénomination de *compagnon*, pour désigner celui qui ne vit que de son travail. Tous ces termes sont précisément ceux que l'usage a consacrés pour désigner les diverses classes de producteurs dans la soierie.

Comme nous le disions tout à l'heure, l'intérêt de l'ouvrier, de celui qui ne vit que de son travail, était indirectement représenté au tribunal de conciliation. En effet, cette branche d'exploitation se compose de trois classes de producteurs : le marchand-fabricant, qui fait les commandes et fournit les matières premières ; le chef d'atelier, qui possède un ou plutieurs métiers, et le compagnon qui travaille pour le compte du chef d'atelier. Ce dernier donne au compagnon

moitié du prix payé par le marchand-fabricant,
et retient l'autre moitié pour la location de son
métier; en outre il travaille lui-même. Il y a
donc solidarité et communauté d'intérêts entre
l'ouvrier et le chef d'atelier, et celui-ci, en dé-
fendant ses prix de main-d'œuvre dans le conseil
de prud'hommes, plaide par contre-coup la
cause du salarié.

Néanmoins les prud'hommes n'ont jamais été
considérés à Lyon comme une institution libérale. Aujourd'hui qu'on en étend l'application à
presque toutes les professions, il faut observer
que le prolétaire ne se trouve plus réprésenté ni
directement ni indirectement. La loi serait donc
plus despotique que sous l'empire.

Au surplus, la législation impériale, conservée
en principe, a été presque tout entière révisée et
refondue en ces derniers temps. Les Chambres
ont déjà réformé les lois sur les patentes, les
brevets d'invention, les marques de fabrique, etc.
En demandant une réorganisation plus large des
conseils de prud'hommes, nous ne faisons que
suivre la logique adoptée par le gouvernement
relativement aux décrets qui régissent l'industrie, et les raisons sur lesquelles nous fondons
notre demande seront appréciées de tous les
hommes impartiaux.

Nos patrons s'accordent volontiers à prêter
aux conseils de prud'hommes un caractère tout
paternel; ils nous les représentent comme des
tribunaux de famille, destinés à concilier amia-

blement les contestations susceptibles de s'élever entre eux et leurs ouvriers. Ces considérations, bien qu'elles sentent un peu la pastorale, ont pu avoir quelque valeur il y a trente ou quarante ans. Aujourd'hui elles ne sont plus qu'hypocrisie, et pour s'en convaincre, il suffit de jeter un coup d'œil sur la différence des temps et des mœurs.

Les industriels de l'ère impériale et des premiers temps de la restauration ne ressemblaient pas tout à fait à ceux de nos jours. L'esprit de mercantilisme et l'ambition n'avaient point encore envahi complétement la classe bourgeoise. Presque tous les maîtres avaient commencé par être ouvriers ; ils connaissaient du moins leur profession ; beaucoup travaillaient eux-mêmes. Ils étaient capables d'apprécier un ouvrage, le temps, le soin qu'il exigeait ; ils savaient ordinairement se montrer justes. Les contestations de salaires étaient peu fréquentes.

Les relations étaient bonnes, nous dirions presque familières ; paternelles et bienveillantes d'un côté, respectueuses et confiantes de l'autre. L'ouvrier n'était pas considéré seulement comme instrument de production : on voyait en lui un homme. On s'intéressait à son sort, à sa famille ; ses conseils n'étaient pas dédaignés. Tombait-il malade : on lui conservait sa place qu'il reprenait à son rétablissement. Le vieillard n'était pas brutalement renvoyé ; on l'entourait même d'une certaine sollicitude, et il pouvait du moins espérer de mourir à la tâche. Enfin, le salarié n'était pas traité tout à fait en étranger. C'était le régime du patronage.

Aujourd'hui le patronage n'existe plus : l'excès de la concurrence, et surtout l'invasion des diverses branches de l'industrie par les capitalistes l'ont détruit. Il s'est opéré une révolution radicale. Autrefois on embrassait une profession sans autre but que d'exercer loyalement un état honorable ; le maître ne prévoyait guère quand il se retirerait, il se faisait volontiers à l'idée de rester toute sa vie fabricant. Maintenant celui qui met ses capitaux dans une entreprise se dit : il faut que dans dix ans, quinze ans j'aie fait fortune. L'industrie jadis était un but : ce n'est plus qu'un moyen. L'industriel était un patron, ce n'est plus qu'un exploiteur.

Rien de dur comme le froid égoïsme du capitaliste spéculateur. Il n'apporte dans l'entreprise ni lumières ni travail ; il n'a que son or. Étranger à la pratique du métier, il est obligé de se fier à un contre-maître. Mais ses calculs sont faits ; il a pris des renseignements sur la partie qu'il exploite ; on l'a assuré que ses capitaux pouvaient produire de 20 à 30 pour 100 ; c'est 30 qu'il veut. Le contre-maître est serré de près ; tant de dépenses, tant de bénéfices : qu'il s'arrange ; il faut que l'intérêt soit rigoureusement déduit ; il y va de sa place. Dès lors le chef d'atelier devient exigeant comme son maître, inflexible comme ses chiffres. Tel ouvrier est malade : qu'on le remplace, c'est un être improductif. Ce vieillard occupe une place qui deviendrait plus lucrative confiée à un homme agile et robuste : qu'on éconduise le vieillard. Des ménagements, des égards, il n'y en a plus; il n'y a plus d'hommes, ce ne sont que des machines à production, machines parfois rebelles, qu'on rêve de remplacer par d'autres plus dociles.

Mais la soif du gain est insatiable. On obtient 30 pour 100; si l'on pouvait gagner 40! Du moins peut-on essayer. Les heures de travail seront augmentées, les salaires diminués. Le travailleur résiste, l'ouvrage est suspendu. Le propriétaire voit avec indignation ses plans dérangés, ses combinaisons bouleversées; chaque jour de grève lui porte un préjudice funeste. Cédera-t-il? c'est diminuer le taux de son intérêt; il ne le peut, il a juré d'arriver à la fortune en temps donné. Que fera-t-il? il s'adressera à la police et dénoncera une coalition.

Doit-on s'étonner que l'ouvrier, lui aussi, ait changé d'allures? Que vient-on lui parler encore de patronage et de sollicitude paternelle ? Entre le capitaliste et lui, il n'existe plus d'autre lien que celui de la nécessité; le besoin les met en contact, sans sympathie, sans solidarité. De telles relations ne doivent avoir d'autre base que la justice : le salarié ne doit parler qu'au nom de son droit.

Sans doute nous ne manquerons pas à ce propos de voir accourir la cohorte des prôneurs du bon vieux temps, des restaurateurs de tout régime tombé. Hâtons-nous, diront-ils, de rappeler l'époque dont vous parliez tout à l'heure, cet âge d'or de l'industrie; que la confiance renaisse en vos cœurs; que les maîtres redeviennent vos pères. Vivez soumis sous le bienfaisant empire du patronage.

Crétins ou hypocrites, leur répondrons-nous, allez porter ailleurs vos condoléances et vos regrets. Ce n'est pas par des élégies que l'on rémédie aux maux, que l'on répond aux besoins d'une société désorganisée. Nous ne reviendrons pas au patronage, parce qu'il faudrait d'abord corriger l'avarice, mettre un frein à la cupidité substituer dans le cœur du capitaliste des idées généreuses à l'esprit d'accaparement, et qu'Harpagon est incorrigible. Nous ne reviendrons pas au patronage, parce que la société a laissé loin derrière elle ce régime, et que la société ne rétrograde pas. Nous ne reviendrons pas au patronage, parce que les idées d'égalité ont pénétré profondément les masses.

L'égalité, ce mot fera sourire ironiquement plus d'un philanthrope. Pourtant nous l'invoquons très-sérieusement. Que si l'on nous objectait que de telles idées sont dangereuses, nous répondrions qu'il faut en prendre son parti, car le fait est réel, positif, indestructible. L'égalité est le grand besoin de notre époque; elle est dans nos mœurs, bien plus encore que dans la Charte.

Nous vivons sous un système de lois qui n'ont

point été faites pour les temps où nous sommes.
La législation qui nous régit était destinée à une
société organisée selon le principe de la hiérarchie. Ce principe est tombé aujourd'hui ; l'homme
de n'importe quelle condition ne reconnaît pas
de maître. Voilà pourquoi, malgré les volumi-
neux règlements du *Bulletin des Lois,* il n'y a que
lutte et anarchie dans la société. La hiérarchie
était une organisation ; elle a disparu. L'égalité
est venue : il reste à l'organiser.

Et c'est par l'industrie, là où la guerre est
journalière, permanente, qu'il est urgent de
commencer la réforme. Les décrets de 1806 et
de 1810 sont maintenant une anomalie, un ana-
chronisme ; ils ne peuvent qu'envenimer les es-
prits, accroître la méfiance, attiser les haines.
Si l'on veut conserver à l'institution des prud'-
hommes une dénomination sentimentale, c'est
celle de tribunaux *fraternels,* et non paternels,
qu'il convient de leur donner.

# CONCLUSION.

Quoique, depuis la Révolution française, et surtout depuis la Charte, il n'y ait plus de classes officiellement distinctes en France, nombre d'auteurs ont été poursuivis pour excitation à la haine entre les classes de la société. Une telle accusation ne peut réellement se soutenir, à prendre la loi au pied de la lettre. Pourtant il est constant que la nation française n'est pas une et indivisible; qu'il y a deux castes, l'une privilégiée, dominante, la bourgeoisie; l'autre opprimée, exclue de toute participation aux affaires, le peuple. Il y a antagonisme entre les deux castes ; la haine et la guerre sont au fond de notre organisation sociale.

Les hommes du pouvoir rejettent la cause de cette haine sur quelques publicistes. Dans le récent procès des communistes matérialistes, on a cité comme coupables de complicité *morale* de vol MM. Cabet, Proudhon, Laponneraye, Constant, etc., et le journal *la Réforme*. Ce sont là des imputations trop outrées pour être odieuses ; elles ne sont que ridicules. MM. du parquet ont adopté le système de faire tomber sur quelques écrivains, qu'ils qualifient tout au moins de brouillons et d'anarchistes, la responsabilité de certains attentats repoussés avec horreur par la conscience publique. Le bon sens populaire sait faire justice de ces récriminations, et les anathèmes des procureurs généraux, lancés dans un but de dénigrement, deviennent parfois, comme les excommunications religieuses, une réclame en faveur des anathématisés.

Non, les écrits révolutionnaires n'ont point armé le bras des voleurs ou des assassins. Honte aux misérables qui, dans le but de pallier leurs crimes, essayent de se donner pour complices indirects des hommes d'une probité éprouvée ! Les publicistes incriminés sont au-dessus de pareilles diffamations ; quant à l'accusation d'excitation à la haine entre les classes de la nation, elle n'est pas plus soutenable. Ils sont moins les guides et les instructeurs des masses que leurs interprètes. Placés à l'avant-garde de l'humanité, comme ces prophètes de malheur dont parle la Bible, ils remplissent la mission périlleuse de plaider devant un monde égoïste la cause des parias, et de réclamer au nom de la justice et de l'égalité violée ; mais ils ne sont que les échos de la voix populaire, et l'indignation qui parfois les transporte, n'est qu'une faible expression des colères et des haines qui couvent dans les profondeurs de la société. Les lecteurs de Proudhon, de Cabet, de Laponneraye, etc., ne se comptent pas par millions, malheureusement peut-être ; et le nombre des ennemis de l'ordre actuel est égal au nombre des intérêts lésés. Je n'en dirai pas le chiffre ; lisez et jugez vous-mêmes.

Les excès de la concurrence ont aujourd'hui réduit la classe ouvrière à une position qui n'est plus tenable. Les chefs d'industrie ont tour à tour diminué nos salaires, multiplié outre mesure les apprentis, dans un but de sordide avidité, et nous ont forcé par ce surcroît de bras à des chômages réitérés, dont ils ont encore profité pour diminuer les prix de main-d'œuvre, et monter des ateliers de confection et des fabriques de pacotille, où les travailleurs-consommateurs sont indignement exploités.

Le gouvernement lui-même nous a suscité la concurrence des prisonniers et des militaires. Puis les communautés religieuses, au nom des intérêts du ciel, les fondations philanthropiques, au nom de l'humanité, sont venues, par la réduction exagérée des salaires, enlever l'ouvrage et la clientèle au travail libre, et ont justifié en quelque façon, par leur complicité, l'exploitation du genre humain.

La révolution de 1830, en portant la bourgeoisie au pouvoir, n'a fait qu'aggraver nos maux. Notre victoire a tourné contre nous, et le peuple, vainqueur du despotisme politique qui le touchait fort peu, est tombé sous la verge de fer du capital et dans l'esclavage de la faim. Nos patrons ont sanctionné par la force, c'est-à-dire par la loi, tous leurs empiétements.

La loi électorale leur a livré le monopole des affaires publiques ; l'obligation du cautionnement pour les journaux leur a livré le monopole de la presse ; la loi contre les associations ne les atteint pas, car ils ont leurs chambres syndicales et de commerce que le gouvernement consulte de temps à autre officieusement, tandis que nos moindres réunions sont traquées et dispersées par la police.

Les chefs d'industrie se sont coalisés pour réduire nos salaires ; nous nous sommes ligués pour les maintenir. Les premiers ont signé entre eux des compromis, imposé des amendes à quiconque se dédirait et ferait des concessions, le tout impunément et sous l'égide même de l'autorité. Quant à nous, on a saisi notre caisse, nos livres, on nous a traînés devant les tribunaux et condamnés à la prison, toujours au nom de la loi, et cela après une révolution qui nous avait promis que l'égalité serait désormais une vérité.

Au nom de l'égalité encore, le maître est cru sur parole dans ses contestations avec nous, et nous sommes éconduits comme de vils imposteurs, ou comme les esclaves, dont le témoignage ne pouvait prévaloir contre célui de l'homme libre.

Voilà qu'on ressuscite aujourd'hui la loi sur les prud'hommes, par laquelle les maîtres, juges et parties dans leur propre cause, trancheront à leur profit, souverainement et de par la loi, les contestations de salaire, et nous condamneront au nom de la force à passer par leurs conditions.

De cette oppression, de cette dictature odieuse pouvait-il naître autre chose que la haine? Doit-on s'étonner que l'ouvrier soit l'ennemi né d'un système qui le voue à la misère ou à un travail excessif?

Il y a trente ans et plus que l'égalité est dans la Charte, et elle n'est pas encore passée dans nos Codes. Sous la restauration, entre la caste dominante et le peuple, il y avait la bourgeoisié. Les coups du pouvoir ne tombaient pas sur nous ; la violation de l'égalité ne nous atteignait pas, la classe moyenne seule en souffrait.

Le peuple a renversé au profit de la bourgeoisie un gouvernement parjure : mais lorsqu'il s'est agi de recueillir les fruits du combat, cette dernière s'est adjugé la part du lion. Le despotisme qui l'écrasait, elle s'en est emparée et l'a tourné contre nous. On avait pris les armes pour l'égalité ; la victoire n'a produit que la domination.

Il n'y a plus aujourd'hui d'intermédiaire entre nous et la classe dominante. Les coups d'État de l'aristocratie financière frappent en plein sur nos têtes, et sont d'autant plus terribles que les barons d'aujourd'hui, tous spéculateurs et industriels parvenus, n'exercent leur privilége de faire les lois que dans un but d'exploitation et d'accaparement.

Législateurs, conservateurs et magistrats, ne vous en prenez qu'à vous des colères qui fermentent dans le cœur des populations. Vous avez porté des lois d'exception, impuissantes ou du moins sans effet contre l'agiotage et l'escroquerie dans les hautes régions de la société, cruelles et implacables pour les moindres délits quand il s'agit du peuple. Les coalitions des spéculateurs et des entrepreneurs de chemins de fer et de mines ont pris tout l'essor qu'elles ont voulu vous avez laissé un libre cours aux agioteurs et actionnaires d'un nouveau pacte de famine ; mais quand les ouvriers se sont ligués pour obtenir une augmentation de salaire, ou sous le coup de l'irritation causée par la faim, grèves et émeutes pour quelques centimes, bien mesquines et bien ridicules sans doute pour les pensionnaires du budget, accoutumés à se voter des augmentations de traitement par quelques mille francs à la fois, vous n'avez répondu que par les condamnations correctionnelles, les dragonnades d'Anzin, les fusillades de Saint-Étienne et l'échafaud de Buzançais.

Et vous cherchez ailleurs la cause des haines qui divisent la société!....

Paix et solution pacifique! nous crie-t-on de toutes parts. La solution pacifique, nous avons assez montré combien nous l'aimons; nous en aurons bientôt épuisé tous les moyens; et bien qu'on ait constamment répondu par la guerre à nos efforts, nous ne l'abandonnons point encore. La législation actuelle ne nous laisse qu'une voie de salut, l'association industrielle. Mais l'association, ébauche du présent, ne peut de sitôt porter ses fruits. Pour en favoriser le développement, il faut que le gouvernement cesse d'intervenir d'une manière hostile dans nos affaires, et qu'il nous accorde une organisation fondée sur la justice et l'égalité.

Organisation du travail, ce mot sonne mal aux oreilles des propriétaires qui voudraient nous traiter éternellement selon leur bon plaisir; la seule philanthropie, c'est-à-dire encore l'arbitraire, sourit à ces improductifs de toutes sortes qui s'engraissent du budget, et déclarent avec satisfaction, une fois repus, qu'en France on ne meurt pas de faim, parce que la charité publique et privée y est inépuisable. Organisation du travail, l'idée est trop nouvelle peut-être pour se faire accepter aux Chambres; l'expression ne figure pas dans le vocabulaire de la grande politique. Qu'on ne s'effraye pas toutefois de l'innovation. Ce que nous demandons n'est point une commandite par l'État, ni même un règlement complétement neuf; c'est tout simplement une révision de deux lois aussi vieilles que celles déjà précédemment refondues, une transformation de l'institution des prud'hommes et du livret.

Chaque fois qu'une grève s'est produite dans un corps d'état, les partisans du *statu quo* n'ont pas manqué de s'élever contre les entraves apportées par les ouvriers à la libre concurrence. Seulement toutes les demandes d'augmentation de salaire ont été suivies immédiatement de la coalition des entrepreneurs , et les amis du *laissez-faire,* pour être conséquents, auraient dû ne pas intervenir, ou, puisqu'ils s'interposaient, leur devoir était de frapper sur les deux ligues avec une égale rigueur. Malheureusement pour nous, l'on a agi que contre la classe ouvrière.

Mais ce principe de concurrence, prôné d'une manière exagérée par les publicistes inhabiles à trouver une solution, est implicitement aujourd'hui renié par eux, car ils ont été unanimes à approuver, et même à provoquer la réorganisation des prud'hommes.

Entrons dans quelques explications.

La concurrence se détruit de deux manières : par le monopole et par un règlement de l'autorité.

Le *maximum* est dirigé contre le monopole. Lorsque des compagnies menacent d'envahir toute une branche de production, le gouvernement leur impose une taxe au delà de laquelle il est défendu d'élever le prix des denrées. Les professions à privilége, comme le notariat, la boulangerie, sont soumises à cette mesure.

Lorsque l'excès de la concurrence amène le danger de coalitions fréquentes, entre les maîtres, d'un côté, pour diminuer les salaires, entre les ouvriers, de l'autre, pour les maintenir ou les élever, la loi intervient en fixant un *minimum* des prix de main-d'œuvre, un tarif.

Un tarif, c'est encore là une mesure repoussée par les prôneurs du *laissez-passer*. Et pourtant, ces ennemis de toute pensée neuve adhèrent à la restauration des prud'hommes. Qu'est-ce donc que les prud'hommes, à quelque point de vue qu'on les envisage, sinon un tribunal appelé à poser des limites à la concurrence, en fixant un *minimum* des prix de main-d'œuvre soumis à leur appréciation? Un tarif est la conséquence naturelle de leur jurisprudence, le complément indispensable de leur institution. Nous citerons ici l'exemple de la typographie, qui a son tarif librement consenti entre maîtres et ouvriers, et sa conférence mixte, dont nous parlerons, qui statue sur les travaux de gré à gré, pour lesquels des difficultés d'exécution ne permettent pas de fixer un prix uniforme.

Au reste, les tribunaux eux-mêmes ont plus d'une fois consulté officiellement les tarifs Morel pour la menuiserie, la charpente, etc.

Plusieurs professions ont essayé de se donner un tarif; quelques-unes ont réussi; d'autres ont échoué. Un industriel, qui s'était refusé ainsi que ses collègues à cette mesure, disait naguère à un maître imprimeur, à propos d'une discussion sur un gré à gré : « Vous avez eu tort d'accepter un tarif; quand on fait une concession à ces ouvriers, on n'est jamais au bout. Mieux vaut comme nous les tenir à discrétion. »

Voilà bien l'esprit de la concurrence! Le bon plaisir et le laisser-faire, soit; la guerre, d'accord; mais au moins la guerre avec franchise et loyauté. Dès lors pourquoi ces dénonciations à la police? pourquoi requérir contre vos adversaires la force publique et la vengeance des tribunaux. Vous dénoncez les coalitions des ouvriers, vous les premiers coalisés. Vous avez la fortune et le moyen d'attendre ; nous n'avons que la misère et la vertu du sacrifice : n'est-ce pas assez déjà que cette disproportion? Et le pouvoir, sur votre réquisition, nous poursuit, nous condamne. Est-ce là du libéralisme et de l'égalité?

L'article 415 du Code pénal statue :

« Toute coalition de la part des ouvriers pour faire cesser en même temps de travailler, interdire le travail dans un atelier, empêcher de s'y rendre et d'y travailler avant ou après certaines heures, et en général pour suspendre, empêcher, enchérir les travaux, s'il y a eu tentative ou commencement d'exécution sera punie d'un emprisonnement d'un mois au moins et de trois mois au plus. Les chefs ou moteurs seront punis d'un emprisonnement de deux à cinq ans. »

L'article 414 dit :

« Toute coalition entre ceux qui font travailler des ouvriers, tendant à *forcer injustement et abusivement* l'abaissement des salaires, sera punie d'un emprisonnement de six jours à un mois, et d'une amende de deux cents francs à trois mille francs. »

Cette loi, inspiration d'un régime d'aristocratie, condamne sans exception toutes nos coalitions, et établit, pour celles des maîtres, une distinction de justes et d'abusives, qui équivaut à une abrogation de l'article. En outre, la peine d'un mois de prison, qui pour eux est le *maximum* de pénalité, est pour nous le *minimum* de la condamnation, laquelle peut être de cinq ans de détention et cinq ans de surveillance.

Eh bien, aujourd'hui l'on renchérit sur l'arbitraire. Il n'y aura plus de coalitions abusives d'entrepreneurs. Leur ligue s'organisera légalement sous le nom de conseil de prud'hommes : elle dictera ses volontés, imposera ses conditions aux ouvriers, les fera exécuter par la force, et se décernera philanthropiquement le titre de tribunal paternel. On nous présente comme favorable et paternelle une coalition que l'on punit chez nous avec une sévérité outrée. Faut-il s'arrêter plus longtemps à de pareilles arguties?

L'art. 54 de la loi de 1809 porte :

« Un ou plusieurs prud'hommes pourront être récusés quand ils auront un intérêt personnel à la contestation. »

Quel patron n'a pas un intérêt personnel dans une question de salaire? L'union des maîtres charpentiers, des maîtres fondeurs de Paris, celle des maîtres cordonniers de Marseille pendant les grèves, donne la mesure de ce qu'ils auraient osé s'ils eussent eu la force pour faire exécuter leurs décisions, comme il arrivera avec l'institution des prud'hommes.

Pour que les plaideurs acceptent un arbitrage, il faut qu'ils trouvent dans leurs juges des garanties d'impartialité, sans quoi le tribunal n'est plus conciliateur, mais despotique. Si l'on donnait aux chefs d'industrie, pour juge sans appel des contestations de salaire, une commission composée exclusivement de salariés, ils crieraient à la démagogie, et ce serait justice. On nous renvoie, nous, devant un conseil composé exclusivement de patrons et de contre-maîtres, qui font cause commune avec leurs chefs, nous avons aussi toute raison de crier à l'injustice et à l'iniquité.

Il faut donc que le conseil arbitre soit composé *en nombre égal* d'ouvriers salariés et d'entrepreneurs patentés; et pour que nul n'ait droit de se plaindre, il faut que tous les intéressés aient droit d'élection et d'éligibilité à ce conseil.

On nous objectera encore la nouveauté du projet, l'impossibilité peut-être d'en venir à l'exécution. La réponse est facile : la nouveauté, c'est le résultat cherché par toute réforme; on a innové dans toutes les lois qu'on a révisées. Quant à l'impossibilité, un fait est là pour y répondre. Il existe, depuis 1843, dans la typographie parisienne, une conférence mixte, composée en nombre égal de maîtres imprimeurs et d'ouvriers (non contre-maîtres) ; les membres en ont été élus respectivement et régulièrement par ceux dont ils sont chargés de défendre les intérêts. La commission, quand elle n'est pas au complet, maintient toujours l'égalité numérique entre patrons et salariés. Elle a été appelée à se prononcer sur nombre de contestations, et toujours ses décisions ont été acceptées sans appel. Depuis quatre ans, M. le préfet de police peut dire si les compositeurs lui ont donné du tracas par leurs grèves. Le seul démêlé qu'ils aient eu avec lui a été relatif au banquet institué d'un commun accord par les typographes et les maîtres imprimeurs dans le but de célébrer chaque année l'anniversaire de l'établissement d'un tarif et d'un tribunal conciliateur, dont les effets ont été si salutaires, et nous devons ajouter, à la louange de M. Delessert, qu'il a accordé l'autorisation demandée.

Cette commission renferme toute l'organisation des prud'hommes, telle que nous la réclamons au nom de la justice, et nous souhaitons d'en voir appliquer le principe à tous les corps d'état.

Nous avons parlé plusieurs fois de la typographie ; ce n'est pas précisément par fanatisme pour le métier, mais parce que cette profession est la plus avancée en organisation industrielle. Il est peu de corps d'état, en effet, où un tarif ait été rédigé d'un commun accord par les patrons et leurs ouvriers, où un tribunal arbitre ait été institué sur des bases aussi libérales que notre conférence mixte. Il est regrettable que l'exemple n'ait pas été suivi. En effet, les maîtres imprimeurs n'adhèrent que d'assez mauvaise grâce à une organisation qui les oblige de traiter avec des prolétaires sur le pied de l'égalité. Cette position exceptionnelle les contrarie d'autant plus qu'elle les expose aux lazzis de leurs confrères des autres professions, qui ont eu *le bon esprit* de ne faire aucune concession à la plèbe ouvrière. Nous devions nous attendre à voir messieurs les imprimeurs brevetés saisir avidement l'occasion de revenir sur leurs engagements. Les élections de prud'hommes arrivent à souhait. Seulement il se présente quelques difficultés. D'abord l'ordonnance les classe dans une catégorie composée de sept professions qui n'a que trois membres à nommer; il pourrait arriver que les trois élus fussent pris en dehors de l'imprimerie : dès lors, comment appeler les contestations devant un conseil composé des éléments les plus hétérogènes et complétement étrangers à la spécialité? En second lieu, après s'être montrés libéraux au point de venir fêter en famille avec leurs ouvriers, dans le même banquet, l'établissement du tarif et du tribunal égalitaire, ils ne peuvent renier entièrement de si beaux principes; ils comprennent en outre que leurs ouvriers ne se soumettront pas d'emblée à une juridiction dans laquelle ils n'ont pas de représentants. Cette résistance, disons-le en passant, ne saurait être incriminée : c'est sous le régime du laissez-faire qu'ils ont fondé leur tarif et leur conférence mixte ; le gouvernement ne peut, sans abandonner sa maxime favorite, leur imposer d'autres juges que ceux qu'ils ont librement élus.

Les maîtres imprimeurs ont si bien compris ce qu'il y a de despotique et d'inacceptable dans l'institution, qu'ils n'ont pas voulu y adhérer sans essayer d'en adoucir la rigueur. Reconnaissant que les protes font cause commune avec eux, et voulant accorder à leurs ouvriers une ombre de représentation, ils ont délivré à plusieurs typographes des certificats de contre-maîtres, conférant à ceux qui les possèdent les droits d'élection et d'éligibilité aux conseils. Cette mesure, en outre, en augmentant le nombre des électeurs imprimeurs dans la première catégorie, fera fortement pencher le vote en faveur d'un maître imprimeur, et la typographie comptera ainsi au conseil un homme spécial, peut-être deux.

Mais les imprimeurs lithographes ont usé du même stratagème, et les fonctions seront ainsi emportées par les plus forts et les plus adroits.

Ce biais est aussi ingénieux que significatif. Il en résulte d'abord que l'institution est tellement tyrannique, qu'une classe entière d'industriels croit devoir en tempérer l'odieux. En second lieu, il prouve à M. Cunin que son ordonnance est bien absurde, puisque ceux qui veulent user de son bénéfice sont forcés de recourir à la supercherie. Il montre encore que la loi est bien vicieuse, puisqu'elle se prête à de pareils escamotages.

Si jamais nos réclamations sont portées à la tribune, il se trouvera bien quelque baron Dupin pour nous jeter à la tête des phrases du genre de celles-ci : Les ouvriers ne présentent aucune garantie de moralité ; les gens établis seuls sont intègres et dignes de foi.

Nous protestons, quant à nous, contre le principe même de la législation, et contre ces semblants de libéralisme, mille fois plus dangereux qu'un absolutisme outré. Nous nous en tenons à notre première demande : un conseil pour chaque profession, composé en nombre égal d'ouvriers et de maîtres, élus respectivement par ceux dont ils sont chargés de défendre les intérêts ; le premier article de la Charte, et rien de moins.

L'industriel prouve sa qualité par la patente, le médecin et l'avocat ont leurs diplômes ; l'ouvrier doit avoir également une pièce authentique sous une dénomination quelconque, livret ou autre, destinée à constater son identité et son aptitude aux élections de prud'hommes. Nous sommes d'accord sur ce point ; nous ne protestons que contre la législation exceptionnelle qui crée entre l'ouvrier à livret et le bourgeois à patente ou à diplôme une différence conservée du système féodal. Nous ne sommes ni plus mauvais ni plus dangereux, *ni moins respectables* que les chefs d'industrie et les hommes des professions libérales : nous demandons en conséquence que la police n'intervienne en rien dans la délivrance ou l'inspection de nos brevets de capacité ; qu'ils nous soient accordés par des hommes compétents, par les conseils égalitaires de prud'hommes, devenus en quelque façon les *Facultés* de l'industrie. Nous demandons enfin que ces livrets demeurent en notre possession , comme la patente reste aux mains du fabricant, comme le diplôme aux mains du médecin et de l'avocat.

A ce point de vue, le livret sera vraiment pour nous un avantage ; il sera accessible aux ouvriers de toutes les professions, même aux femmes ; les sanctions pénales ne seront pas nécessaires pour les forcer à se munir d'une pièce qui les fera rentrer dans le droit commun , et leur conférera presque le droit de cité, en rétablissant sur le pied de l'égalité des relations qui ont trop long-tempe porté le cachet du servage.

Nous rappellerons, en terminant, les pétitions présentées, l'année dernière, à la Chambre des députés sur ces deux questions.

## Pétition sur les livrets.

« MESSIEURS ,

« Le projet de loi sur les livrets, voté par la Chambre des pairs, doit être livré prochainement à vos délibérations.

« Permettez-nous, Messieurs de vous soumettre quelques observations qui sont de nature à vous le faire modifier.

« Nous avions espéré que la loi projetée serait mise en harmonie avec le grand principe d'égalité proclamé par la Charte. Il n'en a rien été, et nous avons vu avec douleur qu'inspirée par des sentiments de méfiance, elle blessait nos intérêts autant que notre dignité, et n'était plus en rapport avec les progrès de la raison et de la civilisation française.

« Le mal, dans ce projet, n'est pas seulement de rendre le livret obligatoire par une sanction pénale, mais de l'étendre aux femmes. Et comment n'a-t-on pas compris qu'on allait froisser leur délicatesse en même temps qu'on les exposerait à des tracasseries dont leur honneur pourrait avoir à souffrir?

« En nous plaçant sous la surveillance continuelle de la police, la loi sur les livrets est vexatoire et funeste à nos intérêts par les pertes de temps qu'elle nous occasionne.

« Puisqu'elle voulait aussi protéger avec efficacité les intérêts des patrons qui font des avances à leurs ouvriers, elle pouvait, dans la forme des contrats ordinaires, garantir ces avances, sans autoriser leur inscription sur le livret, qui ne devrait pas sortir des mains de l'ouvrier.

« Elle met en outre un registre spécial à la disposition des chefs d'atelier, trop souvent divisés d'intérêts avec leurs ouvriers pour n'en pas faire un mauvais usage.

« Nous demandons, Messieurs, en conséquence, que le livret ne soit pas étendu aux femmes ;

« Qu'il soit délivré aux travailleurs, sur certificat de capacité émanant des maîtres d'apprentissage, par les conseils de prud'hommes, dans lesquels les ouvriers seraient directement représentés ; qu'il serve enfin, et seulement, à constater l'identité du travailleur, comme la patente constate celle du marchand et du fabricant.

« Alors, Messieurs, ne devra-t-il pas perdre sa qualification de *livret?*

« En dehors de ces conclusions, la loi sur les livrets violerait le progrès et la justice que vous devez invoquer comme législateurs, que nous réclamons avec confiance comme citoyens. »

## Pétition sur les prud'hommes.

« MESSIEURS,

« M. le ministre du commerce vient d'appeler l'attention des conseils généraux sur les conseils de prud'hommes, que le gouvernement a l'intention d'étendre à toutes les branches d'industrie ; permettez aux soussignés de vous présenter leurs observations tendant à modifier ces conseils.

« A l'origine, les patrons et les contre-maîtres furent seuls appelés à concilier ou juger les différends et contestations qui naîtraient entre patrons et ouvriers. Plus tard, la loi de 1806, que l'on eut l'intention de compléter par celle de 1810, fut modifiée par l'adjonction des ouvriers patentés.

« Depuis qu'elle a pris place dans nos Codes, cette loi n'a jamais été appliquée que dans certains départements et à quelques catégories de travailleurs. Ce n'est que depuis un an seulement qu'elle est mise en vigueur dans Paris, *à titre d'essai.*

« Cette latitude laissée au gouvernement et aux conseils municipaux est pour nous la preuve que la loi de 1806, dans la pensée du législateur, n'avait qu'une valeur temporaire et de localité. Il appartient aux progrès de la civilisation de l'améliorer.

« Aujourd'hui, la loi de 1806 blesse autant l'intérêt des ouvriers qu'elle compromet leur dignité ; elle nous paraît contraire aux principes d'une saine justice ; elle viole l'égalité, dont la pratique est pour nous si précieuse, en ôtant aux ouvriers, enlevés ainsi à la juridiction de leurs pairs, le droit de participer à leur élection, et en ne composant les conseils de prud'hommes que de maîtres et de contre-maîtres, qui ne réclament point le fardeau d'une aussi grave responsabilité.

« D'ailleurs, Messieurs, la réforme de la loi de 1806 est commencée. Un des éléments qui composaient les conseils de prud'hommes n'existe plus. La nouvelle loi sur les patentes a fait disparaître de l'industrie les ouvriers patentés, et nous avons la certitude que la Chambre, conséquente avec elle-même, accordera au livret, cette patente de l'ouvrier sans capital, les droits particuliers attachés à la possession de la patente elle-même. »

Ces quelques lignes renferment un plan bien simple d'organisation industrielle ; que le pouvoir en sanctionne les principes, et les haines entre les castes, cet épouvantail des gouvernements, disparaîtront aussitôt, et nous croirons à la réalisation de ce beau rêve : la solution pacifique du problème du prolétariat.

FIN.